15

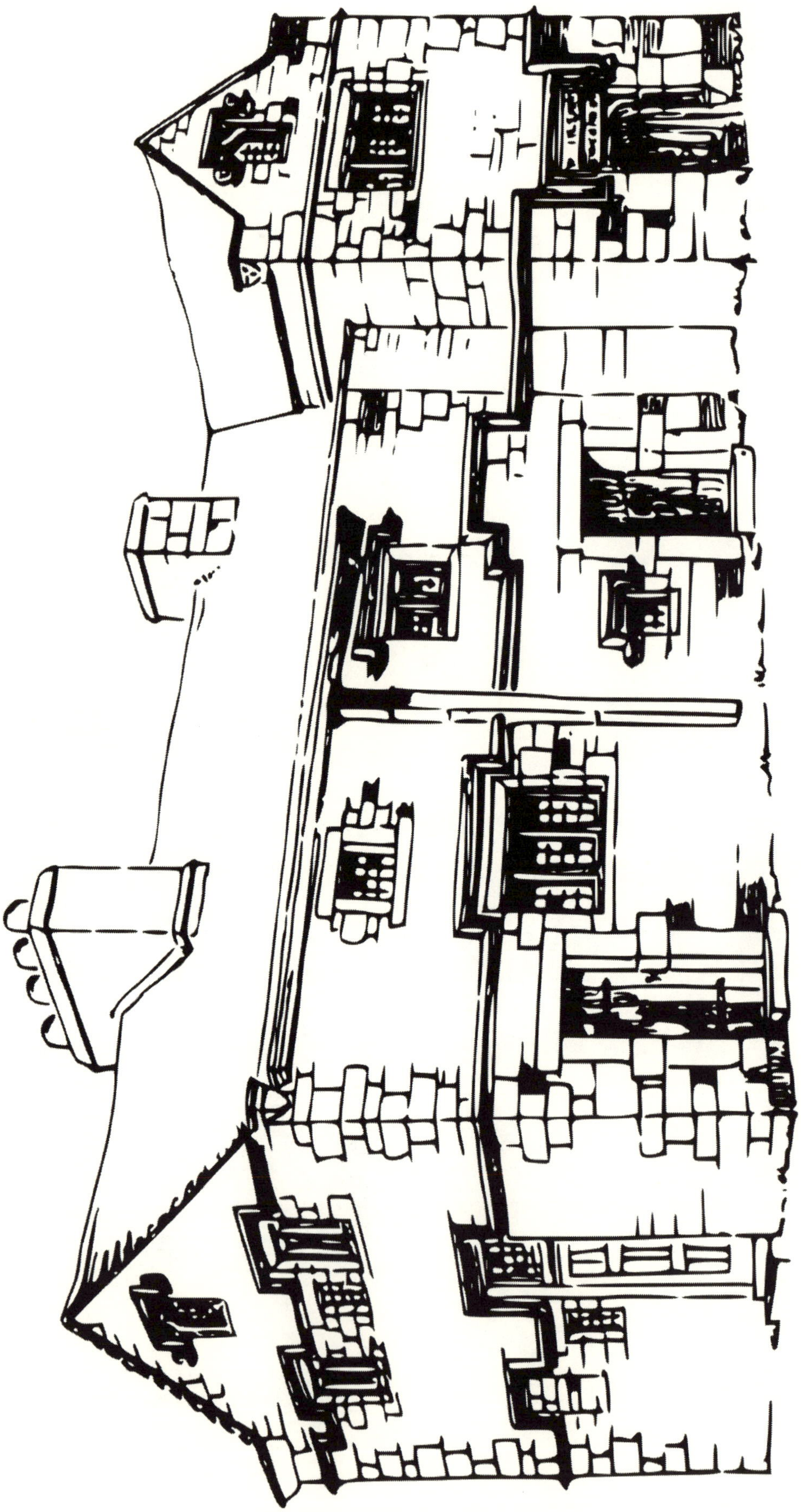

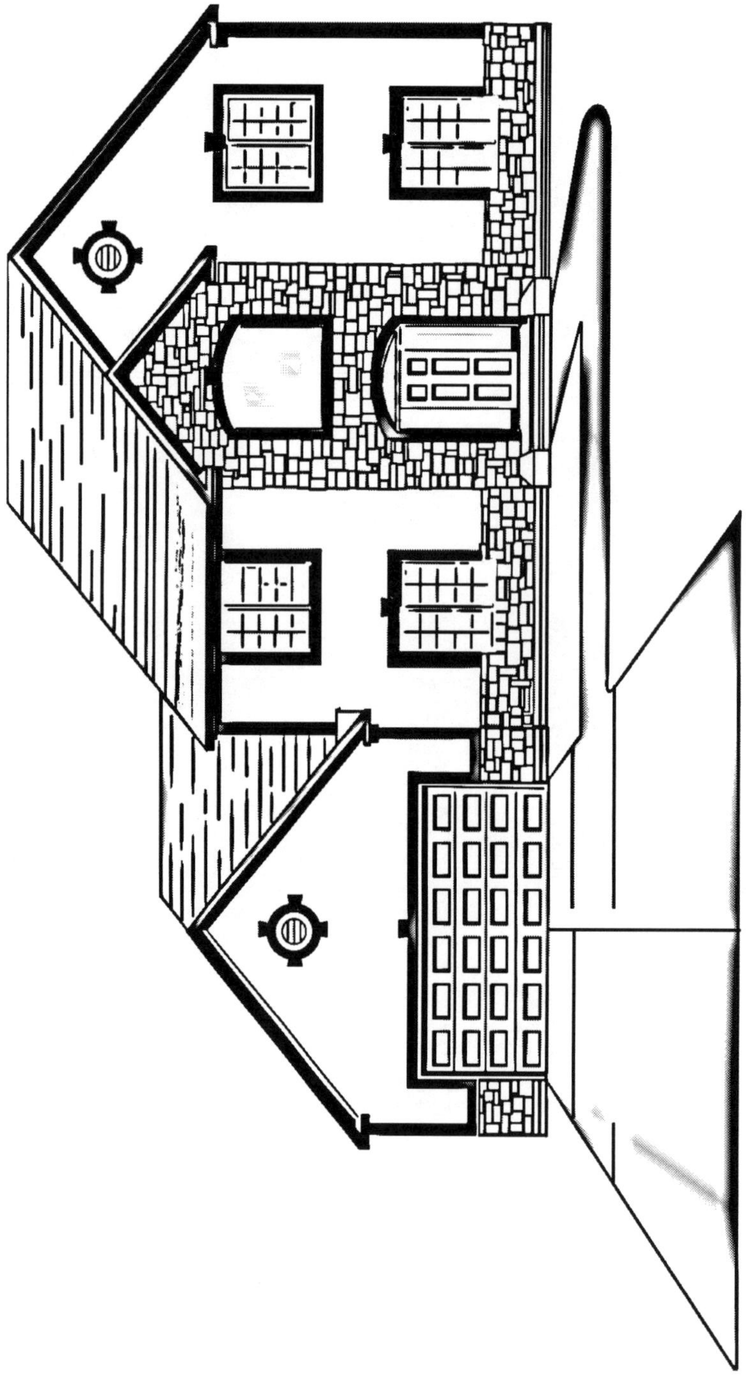

FULTON ST
1198

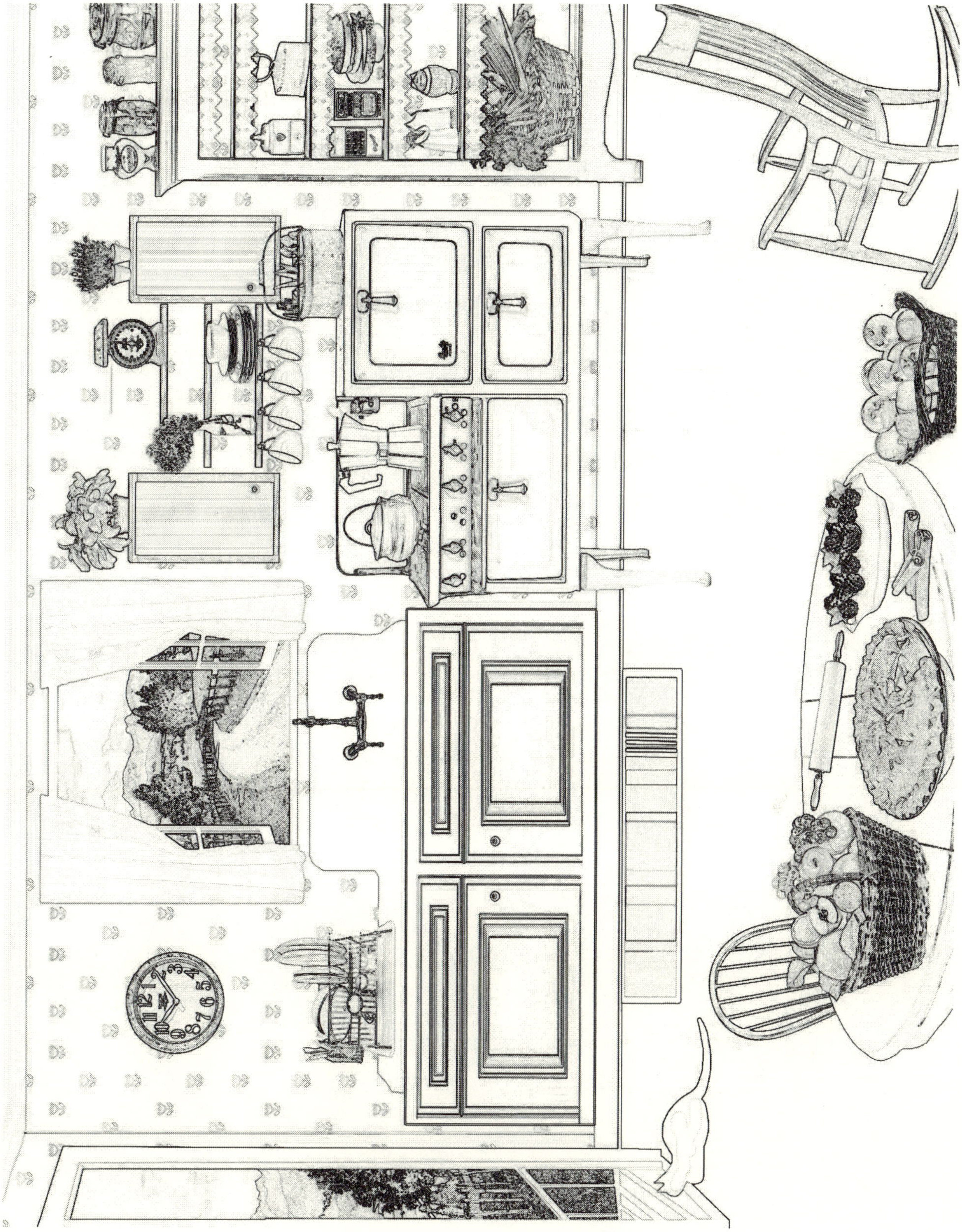

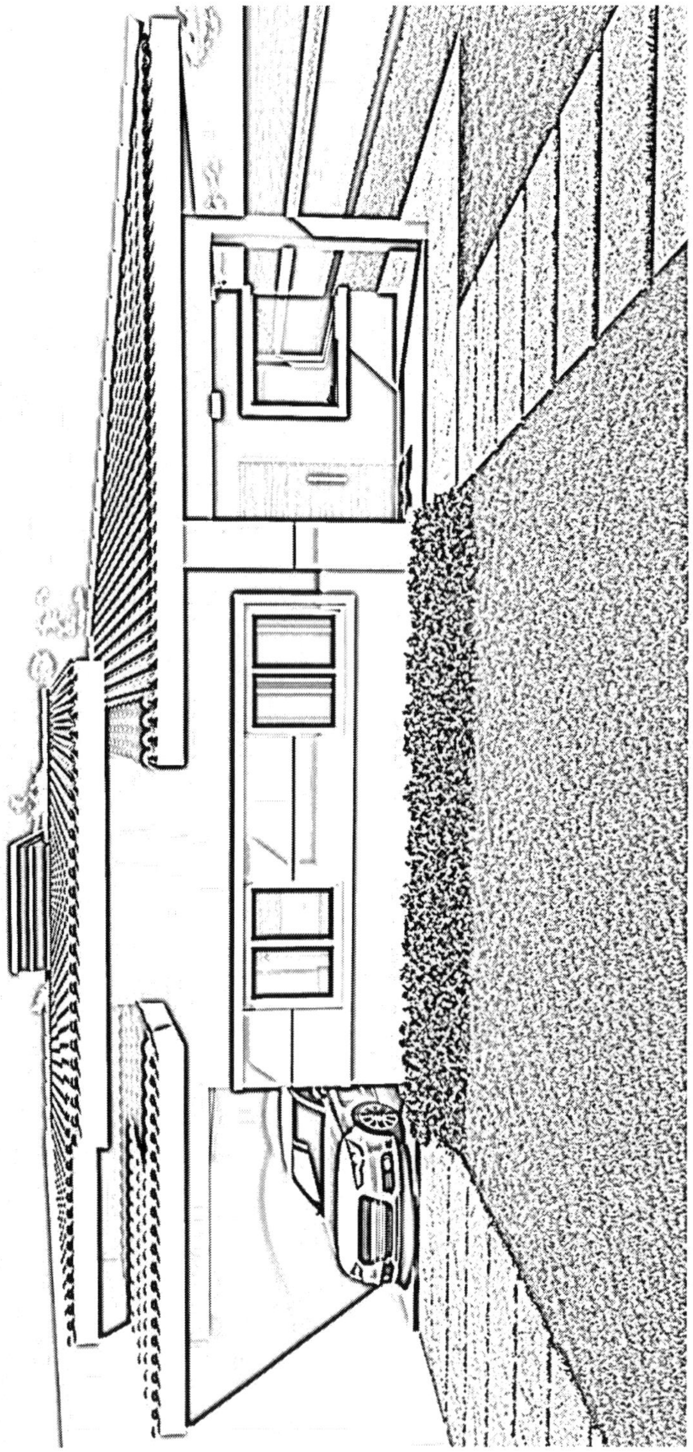

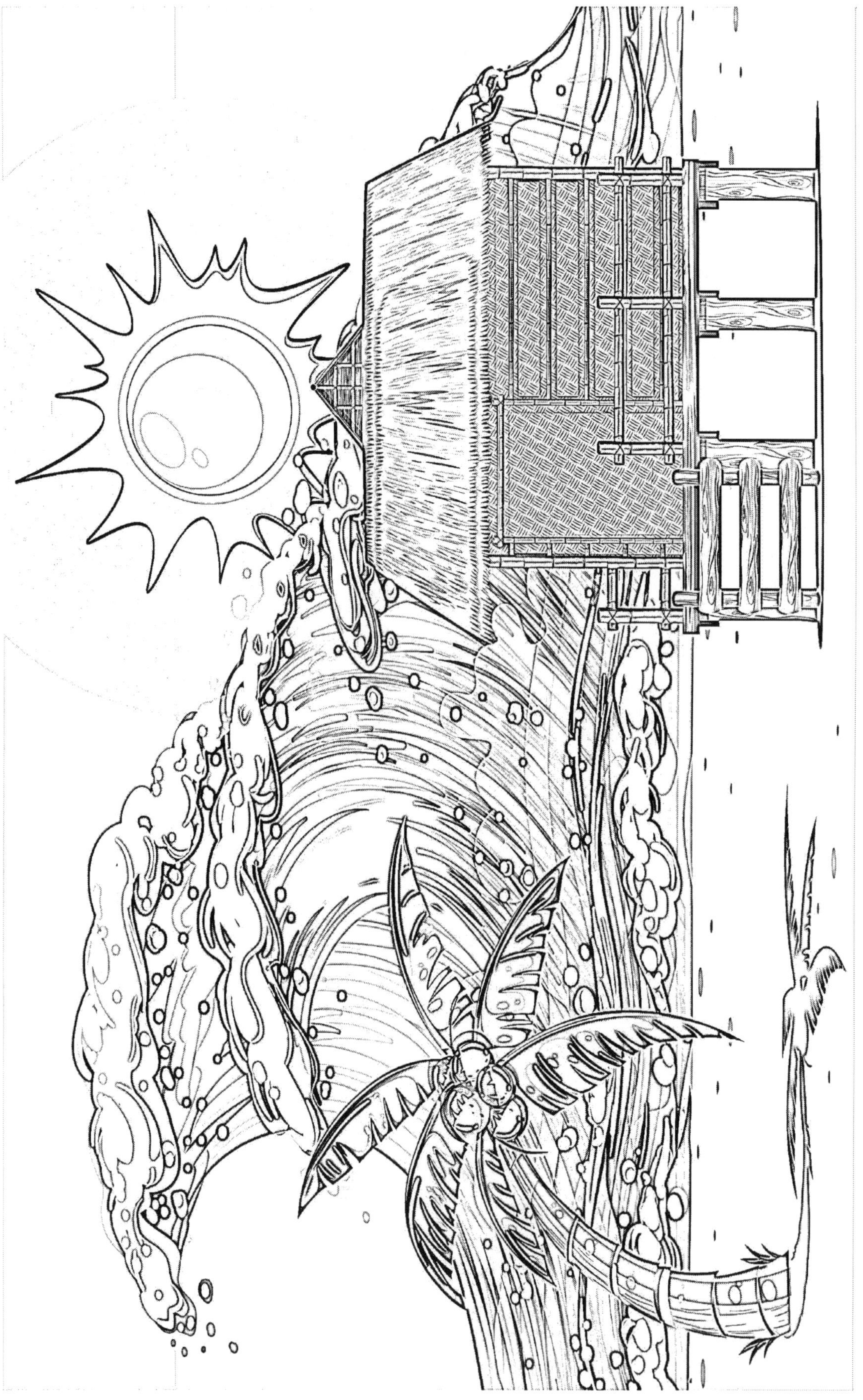

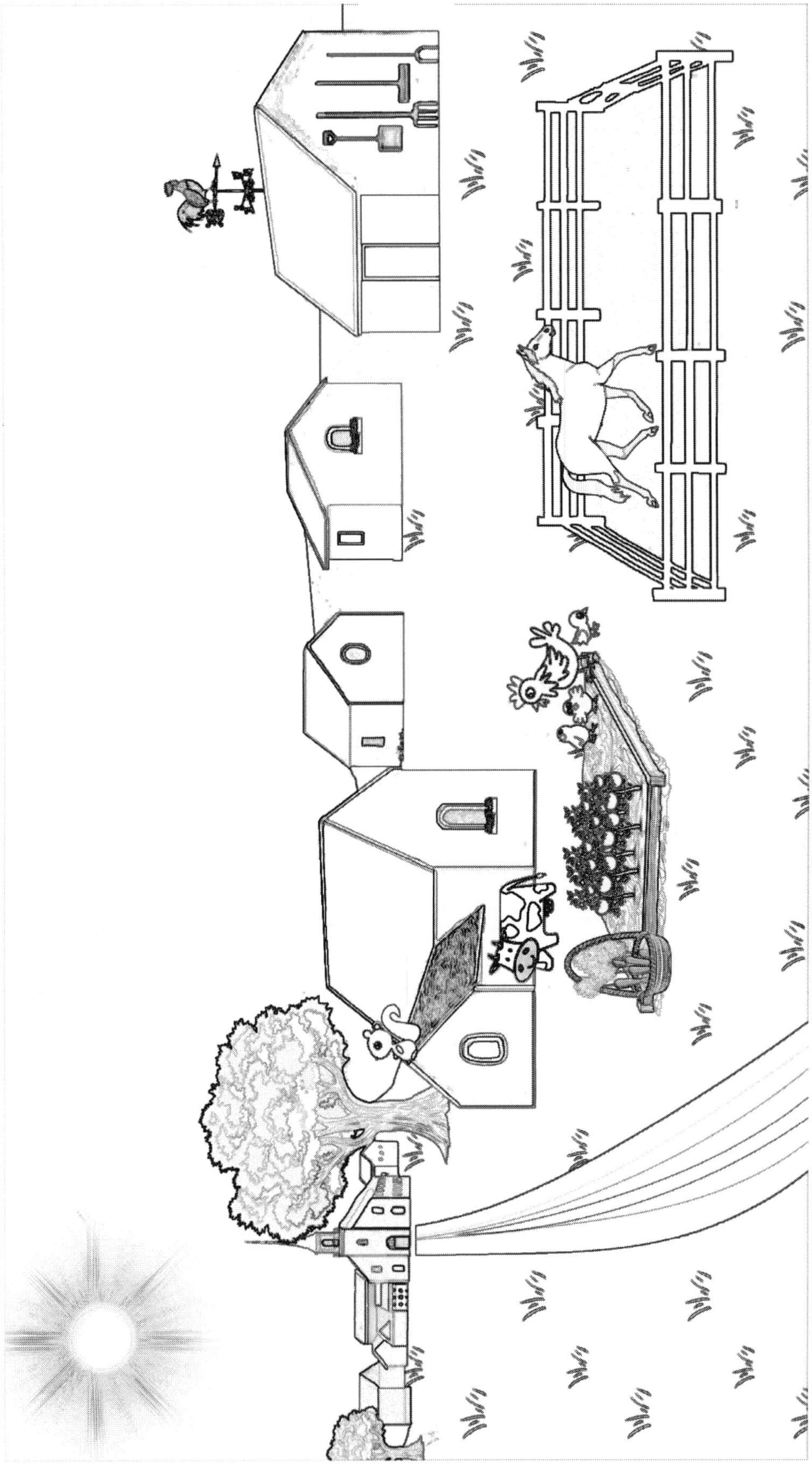

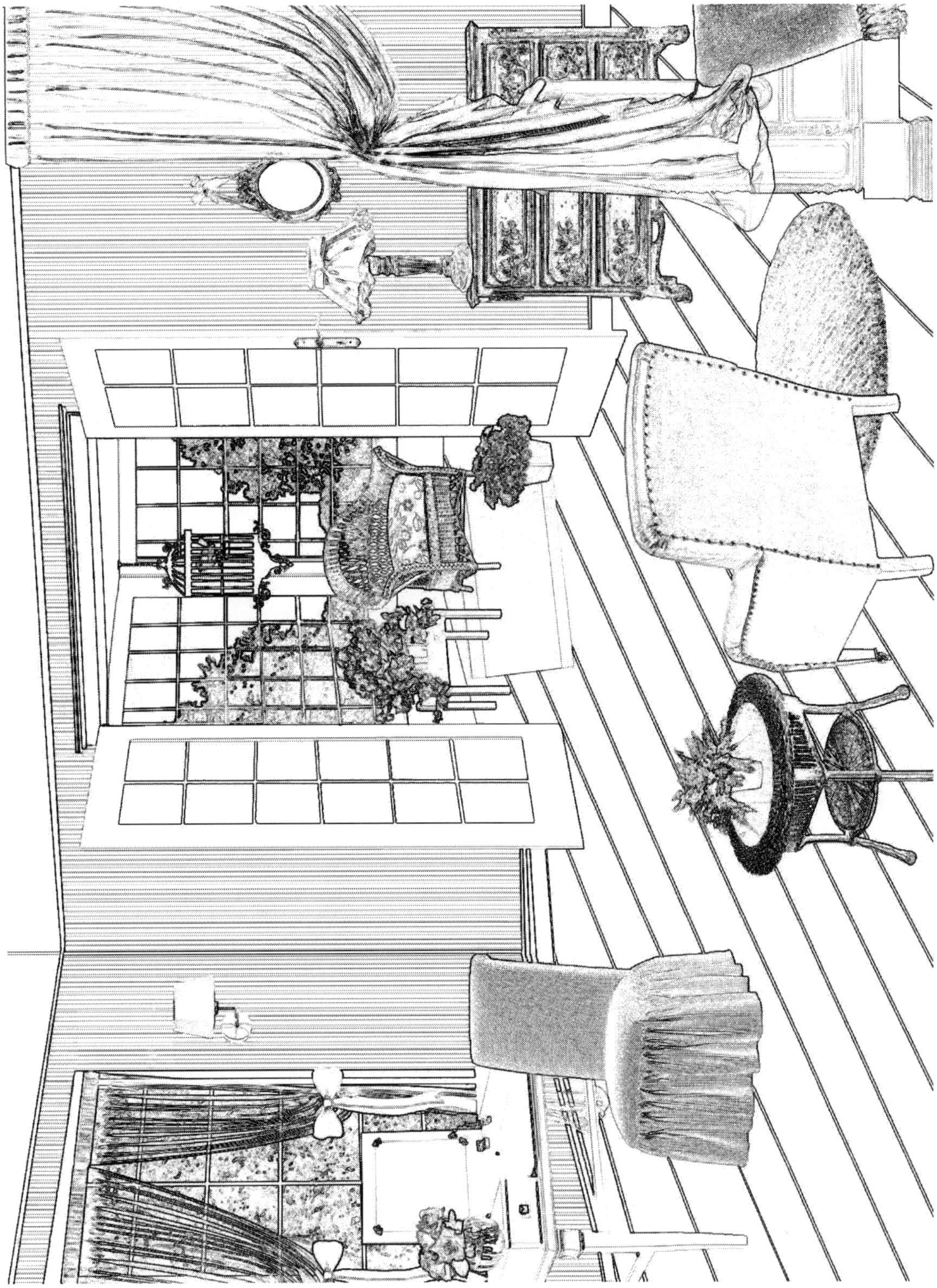

Made in the USA
Las Vegas, NV
20 September 2021

30670825R00021